Jean-François DEBIOL

LE CHEMIN DE CROIX MEDITE PAR LES HOMMES POLITIQUES

1. Comme dans mes autres livres, nous utiliserons le mot « Homme » avec une majuscule pour désigner l'ensemble des hommes et des femmes, la majuscule rappelant aussi la dignité supérieure de l'être humain en tant qu'il est enfant de Dieu.

« Quand Tu Te remets dans les mains du Père, la plainte de Ta mort devient, dans le cœur de l'Eglise Mère, un cri de joie pour la naissance de l'Homme Nouveau. Ce *mystère est grand.*
Et Marie, Ta Mère et notre Mère, se tient au pied de Ta Croix, consciente dans son silence. Agneau de Dieu qui laves les péchés du monde, aie pitié de nous ! ».

(Saint Jean-Paul II)

« Rencontre du vertical et de l'horizontal : de l'Amour de l'homme pour Dieu (et de Dieu pour les hommes) avec l'Amour des humains entre eux. A la croisée, le Christ ».

(Gilbert Cesbron)

Introduction au Chemin de croix médité par les hommes politiques

« *Celui qui veut marcher à Ma suite, qu'il renonce à lui-même, qu'il prenne sa croix chaque jour, et qu'il Me suive* » (Lc 9, 23). Cette parole de Jésus, qui annonce Sa Passion, situe notre existence de disciples dans la logique de la croix, lieu de l'amour vécu jusqu'à l'extrême (cf. Jn 13, 1). Pour y entrer, il nous est nécessaire de méditer longuement et fidèlement les étapes du chemin de croix de Jésus, telles que les Evangiles et la Tradition chrétienne nous les ont transmises.

C'est dans ce dessein qu'est proposé dans cet opuscule un « Chemin de croix médité par les hommes politiques ». Il s'agit d'une entreprise originale puisque cette méditation s'adresse en premier lieu aux élus, à ceux qui exercent des responsabilités au service de la Cité. En contemplant la passion de Jésus, puissent-ils être de bons et fidèles serviteurs (cf. Mt 25, 21), à l'exemple de notre maître, le Christ, lui qui est

« *venu non pour être servi mais pour servir* » (Mc 10, 45). En cette période où s'annoncent des échéances électorales importantes pour notre pays, accompagnons de notre prière nos élus et tous ceux qui aspirent à prendre des responsabilités politiques.

Que M. Jean-François Debiol, son auteur, soit remercié pour cette méditation du chemin de croix. D'autres suivront, à l'attention de chrétiens appartenant à d'autres catégories socio-professionnelles. Je souhaite qu'elles aident chacun à approfondir sa relation au Christ, mort et ressuscité pour nous tous.

Philippe cardinal Barbarin

Confions cette méditation à l'intercession de saint Thomas More, saint patron des Hommes politiques.

Saint Thomas, toi qui dans l'instabilité de l'Angleterre Tudor du XVIè siècle a su fermement tenir le cap de l'intérêt général du peuple anglais tout autant que celui de la fidélité au siège de Rome, et qui pour cela préféra le supplice et la mort à la séparation de ton pays d'avec l'Eglise universelle, nous te confions nos engagements politiques.

Fait qu'en mémoire de tes propres combats, nous sachions mener les nôtres dans la fidélité à la foi en Notre Père le Seigneur de l'Univers, dans la loyauté envers l'Eglise de notre Seigneur Jésus Christ avec le concours de l'Esprit Saint, mais aussi dans le dévouement et le service envers nos Frères humains.

Nous associons également à nos prières saint Louis roi des Français, ainsi que sainte Jeanne d'Arc et sainte Thérèse de l'Enfant Jésus en tant qu'elles sont les saintes patronnes de notre pays.

PREMIÈRE STATION

JÉSUS EST CONDAMNÉ À MORT

Pilate leur dit : « *Que ferai-je donc de Jésus, celui qu'on appelle le Messie ?* » Ils répondirent tous : « *Qu'on Le crucifie !* » Il poursuivit : « *Quel mal a-t-Il donc fait ?* » Ils crièrent encore plus fort : « *Qu'on Le crucifie !* » Il leur relâcha donc Barabbas ; quant à Jésus, il Le fit flageller, et Le leur livra pour qu'Il soit crucifié.

Matthieu 27, 22-23-26

Méditation

En Judée, au temps du Christ, le Romain Ponce Pilate représente le pouvoir politique, pouvoir décliné de celui de l'empereur de Rome, pouvoir tout puissant et absolu.

Ce pouvoir est censé protéger, dire la loi, rendre la justice. Or dans cette scène, le personnage de Pilate ridiculise ostensiblement toutes ces valeurs. Bien que sa conviction soit entière relativement à l'innocence de Jésus - il a parfaitement compris que c'est par pure jalousie que les Juifs L'avaient livré devant lui -, il ne protège pas l'innocent ; il dit le contraire de ce que la loi prévoit en une telle circonstance ; il rend une sentence inverse à la justice la plus élémentaire et bafoue même son intime conviction.

Or cette lâcheté de Pilate trouve son origine dans le fait que le gouverneur romain a peur. Il a peur non des Juifs, car son armée pourrait sans difficulté faire évacuer la place. Non de Jésus, dont les partisans ont fui et qui lui apparait isolé, pauvre et sans défenseur. Mais Pilate a peur d'une menace proférée par les chefs du Sanhédrin pouvant se récapituler de la façon suivante : « *Jésus s'est proclamé Roi ; or nous ne reconnaissons comme roi que l'empereur Tibère qui est à Rome* (hypocrisie de leur part bien entendu car ces personnes haïssaient l'envahisseur romain) ; *si tu ne condamnes pas cet imposteur, nous dirons à César que tu as mal agi envers lui*[2] ».

Bien que Jésus ait rassuré Ponce Pilate en lui affirmant que Sa royauté n'était pas de ce monde[3] - mais que pouvait-il en comprendre ? - et donc qu'Il n'entrait nullement en concurrence avec son pouvoir terrestre et encore moins avec celui de l'empereur, Pilate, c'est évident, craint pour sa carrière. En effet, si les Juifs parvenaient à transmettre un tel message à Tibère, cela pourrait lui valoir des remontrances, ralentir ses promotions ultérieures, voire conduire l'empereur à le démettre de ses fonctions ; il choisit de ne pas prendre un tel risque et ce fut cela la clé de sa décision.

2. Selon Jean 19, 12.

3. Jean 18, 36.

Cette attitude de Ponce Pilate n'est-elle pas conforme à ce que nous observons parfois autour de nous, chez les détenteurs du pouvoir politique. Inutile de scruter l'histoire ancienne ; notre actualité contemporaine suffit certainement à nous fournir des exemples. Et inutile également de sonder le sommet de nos Etats démocratiques ou celui des pays dirigés par des dictateurs ; à notre échelle, dans notre environnement quotidien, nous trouverons certainement des échantillons de semblables lâchetés ordinaires ! Et nous-mêmes, en tant qu'élus dans nos communes, nos circonscriptions, nos départements, nos régions, avons-nous toujours fait un usage juste de l'autorité que nos concitoyens nous ont déléguée ?

- N'avons-nous jamais privilégié le fort au détriment du faible ? Le riche au détriment du pauvre ? L'électeur de notre famille politique au détriment du sympathisant d'un autre parti ?
- N'avons-nous jamais accordé une faveur, un logement, un travail ou tout autre avantage

relevant de notre compétence selon des critères non objectifs, non fondés sur la justice ou de nobles critères de priorité ?

- N'avons-nous jamais tranché une cause trop rapidement, sans en examiner les détails au prétexte que le temps pressait ou que le plaignant ne « pesait pas lourd », « ne disposait pas de soutiens importants ou de relations appropriées », « était un étranger incapable de faire valoir tous ses droits », « était opposé à un notable, une influente personnalité locale » ?

- N'avons-nous jamais privilégié notre carrière au détriment d'actions justes ? Comment avons-nous obtenu nos investitures, nos nominations ? Avons-nous parfois écarté des concurrents de façon brutale, non démocratique ? Avons-nous utilisé des soutiens inappropriés ?

- Et quid de la médisance, de la calomnie, de l'outrage ? En avons-nous usé ? Avons-nous employé des critiques détestables ou indignes ? Avons-nous sciemment sali nos adversaires ?

Au-delà de Sa condamnation par Pilate,

ce sont toutes nos lâchetés et toutes nos bassesses ordinaires que le Christ est venu porter ; et ce sont donc aussi pour elles qu'Il fut condamné en cette veille de la fête de la Pâque juive de l'an 30[4], dans la jeunesse de Sa 33è année.

Demandons pardon au Seigneur !

4 Année la plus probable selon les études récentes des spécialistes. Voir par exemple : Jean Aulagnier « *Le premier siècle chrétien* (Ed. Résiac 1989) ».

PRIÈRE

Seigneur Jésus, Toi le Juste, Toi qui fut sans péché et qui fut pourtant condamné à la place de l'assassin Barabbas, symbole de toutes nos chutes, prends pitié de nos faiblesses, de nos lâchetés, de nos manques de justice.

Donne-nous la force de ne jamais relâcher notre vigilance afin que nous puissions, en toute circonstance, défendre le droit et rendre des décisions justes, quoi qu'il nous en coûte, le cas échéant, au plan personnel. Toi qui a affirmé : « *Tout ce que vous ferez au plus petit d'entre les miens, c'est à Moi que vous le ferez*[5] », fais que nous Te reconnaissions dans les personnes qui nous sollicitent.

Rends-nous digne de l'autorité que nous confient nos Frères humains ; que jamais nous ne l'exercions dans la perspective de nos intérêts personnels, mais seulement dans le souci toujours renouvelé du « Bien commun » et du « Mieux vivre ensemble ».

Pater, Avé.

5 Matthieu 25, 40.

DEUXIÈME STATION

JÉSUS EST CHARGÉ DE SA CROIX

Alors les soldats du gouverneur emmenèrent Jésus dans le prétoire et rassemblèrent autour de Lui toute la garde. Ils Lui enlevèrent Ses vêtements et Le couvrirent d'un manteau rouge. Puis, avec des épines, ils tressèrent une couronne et la posèrent sur Sa tête ; ils Lui mirent un roseau dans la main droite et, pour se moquer de Lui, ils s'agenouillaient en Lui disant « *Salut, roi des Juifs* ». Et, crachant sur Lui, ils prenaient le roseau et ils Le frappaient à la tête. Quand ils se furent bien moqué de Lui, ils Lui enlevèrent le manteau, Lui remirent ses vêtements, et L'emmenèrent pour Le crucifier.

Matthieu 27, 27-31

MÉDITATION

Ne convient-il pas de voir, dans cette couronne d'épines violemment enfoncée dans le cuir chevelu du Christ et qui était la parodie d'une couronne royale, la caricature du mauvais usage que les élus font de l'autorité que leurs concitoyens leur confient pour « *coordonner la coopération* » au sein de la société ?

Car si Jésus accepte d'être ainsi affublé de cet instrument de torture, c'est bien pour prendre sur Lui tous les péchés d'esprit de l'humanité… De même :

- A Gethsémani, Sa sueur de sang et les douleurs de son Sacré Cœur expiaient nos péchés de cœur ;
- Au travers de son épouvantable flagellation, Il S'était chargé de tous les péchés de la chair ;
- Ensuite, Son chemin de Croix Lui permettra de porter les imperfections de Son Eglise, parfaite dans sa nature mais imparfaite dans sa mise en œuvre humaine…

Or au nombre des péchés d'esprit de l'Homme se comptent les péchés d'orgueil et ceux de la vanité, péchés qui menacent prioritairement les détenteurs de l'autorité politique...

- N'avons-nous pas, parfois, abusé de l'autorité que notre charge nous accordait ? N'avons-nous pas injustement alourdi le jugement, la décision que notre mission nous commandait ?
- N'avons-nous pas abusé de la préséance pour flatter notre vanité, usurpant des honneurs qui ne nous étaient pas dus, préemptant indument des places de faveur ?
- Quelle est notre rapport à l'autorité ? L'exerçons-nous avec bonté et mesure ? Exigeons-nous parfois l'obéissance au-delà du strict nécessaire ? Sombrons-nous parfois dans un pouvoir non encadré[6] ?

Demandons pardon au Seigneur

6 Sur ce sujet, voir du même auteur les différences entre Pouvoir et Autorité dans le « *Guide Totus du management.* (Editions du Jubilé, Paris 2003) ».

Prière

Seigneur Jésus, Toi notre Roi pour toujours, Toi le Seul qui méritait tous les honneurs et qui pourtant n'en revendiqua aucun, rappelle toujours à notre esprit que l'autorité que nous délèguent nos contemporains doit se comprendre comme un service à apporter à la collectivité, service que l'Eglise classe parmi les actes de charité[7].

De même, rappelle toujours Tes Paroles à notre esprit; celui qui s'élève sera abaissé et celui qui s'abaisse sera élevé[8] ; ceux qui veulent être grands en ce monde seront appelés les plus petits dans le Royaume des Cieux[9].

Pater, Avé.

7 Discours du pape Pie XI aux étudiants italiens le 18 décembre 1927, et récemment rappelé par le cardinal Barbarin dans sa lettre pastorale « *l'Eglise est servante*. Edition Lethielleux 2010, p120) ».

8 Luc 14, 11.

9 Matthieu 5, 19.

TROISIÈME STATION

JÉSUS TOMBE POUR LA PREMIÈRE FOIS

C'était nos souffrances qu'Il portait, nos douleurs dont Il S'était chargé. Et nous, nous pensions qu'Il était châtié, frappé par Dieu, humilié. Or, c'est à cause de nos fautes qu'Il a été transpercé, c'est par nos péchés qu'Il a été broyé. Le châtiment qui nous obtient la paix est tombé sur Lui, et c'est par Ses blessures que nous sommes guéris. Nous étions tous errants comme des brebis, chacun suivait son propre chemin. Mais le Seigneur a fait retomber sur Lui nos fautes à nous tous.

Isaïe, 53, 45

Méditation

Sur la chaussée aux pierres inégales et blessantes pour ses pieds nus, Jésus s'écroule sous le poids de la lourde croix. Aussitôt, les soldats se précipitent et le rouent de coups pour le contraindre à se relever plus vite... La foule, qui se masse sur son passage, ajoute à sa souffrance en se moquant de Lui, en L'injuriant, en Lui lançant des projectiles. Aucun répit n'est laissé à la victime expiatoire, ainsi que le prophète Isaïe l'avait vu et prédit huit siècles auparavant.

N'y a-t-il pas, dans cet épisode douloureux de la chute publique de Jésus, une analogie avec ce que peuvent parfois ressentir ceux qui s'engagent au service des autres ? Quoi qu'ils fassent, quel que soit le mal qu'ils se donnent pour la collectivité, quoi qu'ils décident, les critiques fusent, les moqueries ne leur sont pas épargnées, sans que leur bonne volonté ne soit convoquée lors des jugements qui s'abattent de tous les côtés !...

Et parfois, trop c'est trop ! L'élu sombre sous les attaques, se demande ce qu'il fait là, pourquoi il a accepté une tâche aussi ingrate ; il doute, sa lumière intérieure, image de son enthousiasme premier, faiblit et s'éteint. Le découragement l'envahit.

Pourtant, l'exemple que Jésus nous donne ici, c'est qu'il est nécessaire de se relever après toute chute. Malgré la fatigue, malgré le manque de sommeil[10], malgré l'absence de nourriture depuis la veille, malgré les coups qui pleuvent, malgré le sang qui s'écoule de Ses plaies rongeant Ses dernières forces, le Christ veut aller résolument au bout de Sa mission. Il lutte, Se relève courageusement, S'exposant à de nouvelles humiliations de la part de la populace qui ne comprend rien au mystère qui se déroule sous ses yeux.

10 Le récit de la Passion montre que suite à son arrestation au Jardin des oliviers pendant la nuit, Jésus ne put prendre aucun repos ; les événements s'enchaînèrent, ce qui augmentait donc considérablement son état de fatigue.

Prière

Seigneur Jésus, nous Te prenons comme modèle. Tu as accepté d'être incompris, d'être humilié par les personnes mêmes que Tu étais venu sauver.

Qu'à Ton exemple nous acceptions de n'être pas toujours compris, pas toujours remerciés ou récompensés pour nos dévouements au service de la collectivité. Apprends-nous aussi la patience. Ce que nous faisons de bien, nous voulons d'abord le faire pour Toi, notre Sauveur ! Oui nous acceptons que nos bonnes actions soient ignorées en ce monde et que notre récompense ne nous soit remise qu'au Ciel, lorsque Toi-même nous gratifieras éternellement.

Toi qui as pardonné à ceux qui riaient de Te voir souffrir, aide-nous à pardonner de même à ceux qui ne mesurent pas les efforts et les sacrifices requis par l'action publique, qui la sous-estiment, la sous-évaluent ou la ridiculisent.

Pater, Avé.

QUATRIÈME STATION

JÉSUS RENCONTRE SA MÈRE

Syméon dit à Marie : « Vois, cet Enfant doit amener la chute et le relèvement de beaucoup en Israël ; Il doit être un signe en butte à la contradiction – et toi-même, un glaive te transpercera l'âme ! – afin que se révèlent les pensées d'un grand nombre ».
Sa mère gardait fidèlement tous ces souvenirs dans son cœur.

Luc 2, 34-35 - 2, 51

MÉDITATION

C'est certain, l'Homme politique n'est pas isolé ; ses proches, ses parents, son conjoint, ses enfants, sa famille, ses amis accompagnent son action publique à ses côtés. S'ils partagent parfois ses succès, voire ses honneurs, ils sont aussi éclaboussés par les attaques et les méchancetés qui le visent. S'ils se réjouissent de ses allégresses, ils souffrent de ses peines et de ses défaillances.

Marie savait tout de la sainteté de son divin Fils ; elle connaissait chacune de Ses bonnes actions, tous Ses miracles, toutes les souffrances qu'Il avait soulagées parmi les Siens ; elle connaissait la perfection de Sa conduite, la sainteté de Ses actes. L'injustice de Sa disgrâce ne pouvait donc que la frapper de façon profonde. Sa sainte mère étant elle-même immaculée de tout péché, elle ne pouvait que ressentir très douloureusement de tels événements dans son cœur, ce qui est l'image du glaive dont parlait Syméon[11].

11 Luc 2, 35

Prenons-nous suffisamment en compte la situation de nos proches ? Nos désirs, nos priorités ne leurs sont-ils pas imposés de façon excessive, au détriment parfois de leurs propres aspirations ? Leur développement personnel ne s'efface-t-il pas derrière le nôtre, considéré peut-être par nous comme prioritaire de façon abusive ?

Demandons pardon au Seigneur.

Prière

Il ne serait pas juste de sacrifier notre famille, notre parenté et nos proches au service de nos Frères, de sacrifier notre devoir d'état au service de la collectivité. Toi-même, Tu as consacré trente années exclusivement à Ta famille, à Ton village, à Tes proches, avant d'engager Ta mission auprès des brebis perdues d'Israël.

Seigneur Jésus, rappelle-nous notre devoir d'état, notre responsabilité prioritaire auprès de notre famille et de nos proches. Qu'ils ne soient pas délaissés au cours des batailles que nous menons dans le cadre de nos missions électives. Qu'ils conservent toute notre écoute, toute notre affection et une part suffisante de notre temps. Qu'ils n'aient pas à souffrir de notre engagement dans la cité, mais qu'ils soient toujours pour nous de précieux réconforts.

Pater, Avé.

CINQUIÈME STATION

SIMON DE CYRÈNE AIDE JÉSUS À PORTER SA CROIX

Comme ils emmenaient Jésus, ils mirent la main sur un certain Simon de Cyrène qui revenait des champs, et le chargèrent de la Croix pour la porter derrière Jésus.

Luc 23, 26

Portez les fardeaux les uns des autres et accomplissez ainsi la loi du Christ

Saint Paul, lettre aux Galates 6, 1

Méditation

C'est une chose acquise : Dieu, dans Sa Puissance infinie, n'avait pas besoin des Hommes pour L'aider dans Sa lutte contre le Mal.

Mais Son Amour pour l'Homme et la haute dimension donnée à la dignité humaine sont tels que Dieu, dans Son infinie Bonté, Sa divine Volonté et Son Immense Amour, décida d'associer Ses enfants à l'œuvre immense de la Rédemption. Ainsi, un simple passant, qui revenait des champs et ignorait tout des événements qui avaient secoué Jérusalem, fut-il associé à Jésus dans Son effort pour porter la sainte Croix jusqu'au Golgotha !...

Dans cet épisode, Simon de Cyrène ne symbolise-t-il pas toute la part que les Hommes sont invités à prendre dans les plans d'Amour de Dieu ? En effet, le Tout-Puissant se suffirait à Lui-Même, par la puissance de Son Saint-Esprit, pour rejoindre tous les Hommes. Mais Il a voulu que Ses enfants soient associés à cette mission et cela pour une raison essentielle : qu'ils puissent en tirer, au côté de leur Père céleste, une sainte gloire pour les siècles des siècles.

De même, Dieu aurait pu concevoir le monde de manière à supprimer la part d'initiative et d'organisation laissée à l'Homme. Mais non, le Très-Haut a placé en Ses créatures une liberté, une grandeur et une dignité telles que cela Lui permet de leur confier cette mission : « *Peuplez la terre et dominez-la. Dominez sur les animaux et sur toute la création*[12] ».

Et il est certain que, de façon particulière, cette part est confiée aux hommes et aux femmes qui acceptent de prendre sur eux le service de « *coordination de la coopération* » au sein de la communauté humaine.

12 Genèse 1, 28.

Prière

Seigneur Dieu, Tu as voulu, dans Ta grande Miséricorde, Ta divine Volonté et Ton immense Amour, confier aux Hommes le devenir de Ta création. Rends-nous dignes de cette confiance ! Que nous sachions, par la pertinence de nos discernements et la sagesse de nos décisions, être de bons gérants de Ton patrimoine, de ce Jardin que Tu nous confies et que Tu souhaites que nous laissions ensuite intact à nos descendants.

Encore mieux, Tu souhaites que nous poursuivions Ton œuvre et, qu'à notre échelle, nous contribuions, grâce aux talents que Tu as placés en nous, à embellir cette terre et cette société humaine que Tu as remises entre nos mains.

Pater, Avé.

SIXIÈME STATION

VÉRONIQUE ESSUIE LE VISAGE DE JÉSUS

Alors que les multitudes avaient été épouvantées à sa vue, tant son aspect était défiguré – Il n'avait plus apparence humaine – de même les multitudes de nations s'en étonneront ; devant Lui, des rois resteront bouche close. Car ils verront un événement non raconté... Sans beauté ni éclat et sans aimable apparence, objet de mépris et rebut de l'humanité, homme de douleur et familier de la souffrance... Or, c'était nos souffrances qu'Il supportait et nos douleurs dont Il était accablé.

Isaïe 52, 14-15 et 53, 2-4

MÉDITATION

Dans le visage déformé et meurtri du condamné que la foule raille et moque, Véronique a su discerner la face du « *plus beau des enfants des Hommes*[13] ». Et elle L'a soulagé en essuyant et rafraichissant Son visage ensanglanté.

Ce passage de la Passion de notre Seigneur inspira au Père Werenfried[14] ces lignes que l'Homme politique, quelles que soit ses responsabilités, peut sans difficulté s'approprier : « *Seigneur, je Te remercie pour les pauvres de tous les peuples qui m'ont donné l'occasion d'exercer la charité dont j'ai besoin pour couvrir mes péchés. Je Te remercie pour les conseillers sages qui, toujours et au bon moment, sont entrés dans ma vie pour combler mes défaillances. Je Te remercie pour mes amis et collaborateurs fidèles et pour les innombrables multitudes de bienfaiteurs sans lesquels je serais demeuré un homme solitaire, un rêveur stérile, un raté* ».

13 Psaume 45.

14 Fondateur de l'Aide à l'Eglise en Détresse (AED) au lendemain de la seconde guerre mondiale.

PRIÈRE

Mon Dieu, nous nous représentons avec effroi ta face ensanglantée et marquée par le supplice. De ce fait, donne-nous la grâce de toujours reconnaître Ton visage dans l'Homme souffrant qui vient nous solliciter... Que jamais nous n'en arrivions à le repousser, même si son apparence était celle d'un Homme défiguré, car Toi-même Tu le fus sur le chemin du Calvaire. Davantage encore : nous Te remercions de placer de telles personnes sur notre route, puisqu'elles nous fournissent l'occasion de faire Ta volonté en nous mettant au service des plus pauvres et des plus petits parmi nos Frères et, comme le dit le Père Werenfried, de couvrir ainsi nos péchés.

Nous te remercions également pour les électeurs qui nous ont fait confiance et sans lesquels nous serions demeurés inopérants au service de la cité.

Seigneur, nous Te remercions encore pour la qualité des collaborateurs que Tu places sur notre chemin, eux qui suppléent à nos insuffisances et dont les talents complètent ceux que tu nous as accordés.

Pater, Avé.

SEPTIÈME STATION

JÉSUS TOMBE POUR LA SECONDE FOIS

Jésus leur dit : « ***Tous vous allez être scandalisés, car il est écrit : je frapperai le berger et les brebis seront dispersées. Mais, après Ma résurrection, Je vous précéderai en Galilée*** **». Pierre Lui dit : «** ***Même si tous sont scandalisés, du moins pas moi !*** **». Jésus lui répond : «** ***En vérité, Je te le dis, toi, aujourd'hui, cette nuit même, avant que le coq chante deux fois, tu M'auras renié trois fois*** **». Mais lui reprenait de plus belle : «** ***Dussé-je mourir avec Toi, non, je ne Te renierai pas*** **». Et tous disaient de même.**

Marc 14, 27-31

MÉDITATION

Ce passage attire notre attention sur la figure de l'apôtre Simon. Jésus lui avait annoncé qu'il serait désormais Pierre et que sur cette pierre, Lui construirait Son Eglise. S'il existe une représentation du chef politique dans le Nouveau Testament, n'est-ce pas à Simon Pierre que cela renvoie ?

Et ce même Pierre, au soir du Jeudi Saint, tout à sa grande générosité et à son Amour envers Jésus pour qui il a tout quitté, assure le Christ qu'il ne L'abandonnera jamais. Mais nous le savons bien, la prophétie du Fils de Dieu va se réaliser : avant que le coq ne chante deux fois, Pierre, cerné de près par les serviteurs du Grand Prêtre qui le reconnaissent et le menacent, va effectivement renier par trois fois son Ami afin de se dégager du risque qui plane sur lui de subir Son sort douloureux[15].

Ainsi en est-il de nous-mêmes ; comme Saint Paul l'avouait, nous faisons souvent le mal que nous ne voudrions pas faire et ne parvenons

15 Jean 18, 15-18.

pas toujours à faire le bien que nous voudrions accomplir[16]. Si nous nous engageons le plus souvent en politique avec de grands idéaux, les difficultés du quotidien, nos limites humaines, les tentations du monde ne nous éloignent-elles pas périodiquement de notre volonté de servir ? Et ne nous font-elles pas tomber dans des compromis qui tendent parfois vers des compromissions ?

Mais nous le savons, de même que le Christ Se releva suite à cette seconde chute pour reprendre courageusement Sa marche en avant, Pierre surmontera cette trahison et deviendra le glorieux premier saint pape de l'Eglise du Christ.

16 Epitre de St Paul aux Romains 7, 15.

Prière

Seigneur Jésus, rends-nous fermes dans notre foi et dans nos engagements, de façon à ce qu'au milieu des tentations et des périls du monde, nous tenions ferme la barre de la mission que Tu veux nous voir mener à bien. Et que dans l'épreuve, nous gardions solidement les yeux fixés sur Toi qui nous a montré la voie, Toi qui es « *le Chemin, la Vérité, la Vie*[17] ».

« *Seigneur, vers qui irions-nous, Tu as les paroles de la vie éternelle*[18] ».

Pater, Avé.

17 Jean 14, 6.
18 Jean 6, 68

HUITIÈME STATION

JÉSUS ET LES FEMMES DE JÉRUSALEM

Le peuple, en grande foule, suivait Jésus, ainsi que des femmes qui se frappaient la poitrine et se lamentaient sur Lui. Mais, Se retournant vers elles, Jésus dit : « *Filles de Jérusalem, ne pleurez pas sur Moi ! Pleurez plutôt sur vous-mêmes et sur vos enfants ! Car voici des jours où l'on dira : Heureuses les femmes stériles, heureuses les entrailles qui n'ont pas enfanté et les seins qui n'ont pas nourri !* ».

Luc 23, 27-30

Méditation

Alors que les hommes s'étaient enfuis, ce sont les femmes qui demeurèrent auprès du Christ souffrant et qui Le réconfortèrent au plus fort de l'épreuve. De plus, « *Il n'y avait pas de femmes parmi les ennemis de Jésus* », faisait remarquer le patriarche Bartholomé[19] dans une méditation de cette huitième station du chemin de Croix.

Un autre évangéliste rapporte, lors de cette rencontre avec les femmes de Jérusalem, cette autre déclaration du Christ : « *Ne pleurez pas sur Moi, pleurez sur vous… Car si l'on traite ainsi le bois vert, qu'adviendra-t-il du bois sec*[20] ». Or comment ne pas penser qu'en comparaison avec Jésus qui est l'image du bois vert, nous-mêmes, pauvres pécheurs, sommes le bois sec dont parle le Christ ? Et comme nous savons que « *les disciples ne seront*

19 Le patriarche Bartholomé Ier est primat de l'Église orthodoxe de Constantinople depuis le 2 novembre 1991. Il porte le titre d'« *archevêque de Constantinople, nouvelle Rome et patriarche œcuménique* », il est le successeur de l'apôtre André, « premier parmi ses égaux » (primus inter pares) par rapport aux dirigeants des Églises orthodoxes. De nationalité turque il appartient à la petite minorité grecque de ce pays.

20 Luc 23, 31.

pas autrement traités que le maître[21] », cela ne signifie-t-il pas qu'il faut nous préparer à subir de lourdes épreuves pour témoigner de notre foi ?

Il est possible de placer ces déclarations du Christ en perspective avec les épreuves que peuvent rencontrer les chrétiens qui s'engagent en politique au nom de leur foi, et qui y défendent l'application des dix Commandements. Martin Luther King, qui fut assassiné au terme de son combat pour l'égalité des droits civiques entre Noirs et Blancs aux Etats-Unis, n'en constitue-t-il pas un exemple abouti ? Et comment ne pas penser également au Mahatma Gandhi, qui lutta contre la colonisation britannique de son Inde natale, préserva son pays de luttes religieuses fratricides et finit sous les coups de feu d'un fanatique hindou ? Ou à toutes les victimes des dictatures qui payèrent et continuent à payer de leur vie ou d'enfermements infernaux le combat pour l'Evangile ?

Au sein même de nos sociétés occidentales, pourtant réputées démocratiques et avancées,

21 Matthieu 10, 24

n'est-il pas plus que jamais nécessaire de défendre la culture de vie face aux initiateurs de la culture de mort, de défendre la famille – cette petite église domestique – face à ceux qui rêvent de la détruire ou de l'affaiblir, etc... ?

PRIÈRE

Seigneur Jésus, les batailles pour la défense de Ton Nom ne seront jamais achevées en ce monde où domine l'Adversaire, en ce monde dont Satan est le Prince. Pour autant, envoie sur nous Ton esprit de Force[22], donne-nous suffisamment de courage afin que nous ne baissions jamais les bras, et que nous ne nous satisfassions jamais d'être du bois sec !

Pater, Avé.

22 Un des sept dons de l'Esprit saint, celui qui permet de tenir bon au milieu des luttes et des persécutions. C'est le don qui fit les martyres de l'histoire de l'Eglise.

NEUVIÈME STATION

JÉSUS TOMBE POUR LA TROISIÈME FOIS

Il leur dit : « *Mon âme est triste à en mourir ; demeurez ici et veillez avec Moi* ». Etant allé un peu plus loin, Il tomba la face contre terre en faisant cette prière : « *Mon Père, s'il est possible, que cette coupe passe loin de Moi : Cependant, non pas comme Je veux, mais comme Tu veux* »... Il dit à Pierre : « *Ainsi, vous n'avez pas eu la force de veiller une heure avec Moi ! Veillez et priez pour ne pas entrer en tentation : l'esprit est ardent mais la chair est faible* ».

Matthieu 26, 38-42

Méditation

Certes, notre esprit est ardent : notre désir de bien faire est indiscutable. Mais notre chair est faible et, souvent, les tentations du monde parviennent à nous détourner de notre mission et du service des citoyens.

Finalement, qui servons-nous au travers de notre engagement politique ? Voilà une question que l'Homme public doit se reposer chaque matin. Et si vient un jour où il s'aperçoit qu'il est en train de servir plutôt lui-même que la collectivité, le « Bien commun » ou le « Mieux-vivre ensemble », alors sans doute aura-t-il déjà commencé à abandonner la voie étroite de l'Evangile pour avancer sur le chemin large et bien balisé du monde, celui qui ne conduit plus au Christ.

Et alors cela signifiera qu'il a chuté ; mais alors comme le Christ en cette neuvième station, il lui faudra se relever !

Il lui faudra se remettre en question, se replonger dans la source de son engagement premier, respirer à nouveau profondément son idéal, reprendre de la hauteur et du recul pour regarder à nouveau l'horizon. Et surtout, surtout fixer ses yeux sur le Christ, Lui qui désire nous aider à nous remettre en marche et qui nous dit : « *N'ayez pas peur, J'ai vaincu le monde*[23] » et « *Je suis avec vous jusqu'à la fin des temps*[24] ».

Prière

Seigneur Jésus, Toi qui, malgré Tes innombrables souffrances, a eu la détermination d'aller jusqu'au bout de Ta mission et qui a eu le courage de Te relever une troisième fois, donne-nous la force de surmonter toutes nos épreuves et d'aller nous-aussi au bout du plan d'amour que Ton Père du Ciel a fondé sur chacun de nous, quelles qu'en soient les difficultés quotidiennes.

Car nous le savons bien : la terre n'a pas été créée en un jour et aucune œuvre d'envergure

23 Matthieu 14, 27.
24 Matthieu 28, 20.

en ce monde ne peut se réaliser sans pugnacité, sans s'inscrire dans la durée. Et nous savons aussi que Dieu met à la disposition de Ses Enfants tous les ingrédients de la victoire, ingrédients auxquels il nous est possible de recourir sans limitation : l'Eucharistie, les autres sacrements, la prière, l'assistance de Marie qui est notre maman du Ciel, sans oublier nos anges gardiens et les Saints du Ciel qui désirent ardemment nous aider...

Nous qui nous plaignons parfois de manquer de moyens, sommes-nous certains d'utiliser correctement toutes ces aides que le Ciel nous offre ?

Pater, Avé.

DIXIÈME STATION

Jésus est dépouillé de ses vêtements

**Les soldats prirent Ses vêtements et firent quatre parts, une pour chaque soldat, et la tunique. Cette tunique était sans couture, tissée tout d'une pièce de haut en bas ; ils se dirent entre eux : « *Ne la déchirons pas, mais tirons au sort qui l'aura* ».
Ainsi s'accomplissait l'Ecriture : « *Ils se sont partagés Mes habits, ils ont tiré au sort Mon vêtement*[25] ». Voilà ce que firent les soldats.**

Jean 19, 23-24

25 Isaïe 52, 13.

Méditation

Les attaques, les critiques ne manquent jamais à l'Homme qui s'engage réellement dans la cité, qui agit, qui propose, qui fait bouger et évoluer les choses. Cela est bien connu !

Mais nous le savons aussi, il vient parfois le moment où les attaques deviennent personnelles, où la vie privée de l'élu est jetée sur la place publique, où son intimité est souillée. N'est-ce pas cela qui est symbolisé dans ce passage où Jésus est dépouillé de ses vêtements, mis à nu devant la populace qui L'a suivi jusqu'au Golgotha ?

Malheureusement, il est fréquent dans nos sociétés que la vie privée des Hommes publiques ne soit pas respectée. Les médias, les adversaires n'hésitent pas à s'emparer de son intimité et l'utilisent pour salir, abaisser celui qui est considéré comme un concurrent gênant. Que ne seraient-ils pas prêt à faire pour l'écarter !... La famille, les enfants, les relations amicales sont alors jetés en pâture sur la place publique, ce qui occasionne de grandes souffrances et parfois ne permet plus à la personne de conduire correctement la mission que les électeurs lui ont confiée.

PRIÈRE

Seigneur Jésus, Toi dont l'intimité n'a pas été respectée par les soldats, aide-nous toujours à identifier les limites qu'il convient de ne pas franchir dans l'action publique, de façon à ce que nous ne nous transformions jamais en bourreau pour nos adversaires qui demeurent nos Frères humains. Permets-nous de toujours discerner la frontière entre l'action militante juste et l'indécence du combat politique excessif.

Seigneur Dieu, aide-nous également à savoir pardonner à ceux qui nous offensent dans cette arène publique, car « *Tu fais lever Ton soleil sur les bons et sur les méchants*[26] ». Que nous sachions nous maîtriser même au point de ne jamais nous mettre en colère, car ainsi que le

26 Matthieu 5, 44.

disait saint François de Sales : « *Se mettre en colère, c'est déjà juger son prochain. Or le jugement n'appartient qu'à Dieu* »[27].

Enfin Seigneur, protège nos conjoints, nos enfants, nos familles et nos proches afin qu'ils soient toujours protégés de ceux qui nous combattent. Que nos foyers ainsi préservés servent de havres de paix pour nous permettre de refaire nos forces et pour mieux Te servir ensuite.

Pater, Avé.

27 Saint François de Sales. « *Introduction à la vie dévote*, 1609 »

ONZIÈME STATION

JÉSUS EST CLOUÉ SUR LA CROIX.

L'un des malfaiteurs suspendu à la croix L'insultait en disant : « *N'es-Tu pas le Christ ? Sauve-Toi Toi-même et nous aussi* ». Mais l'autre, le reprenant, lui dit : « *Tu n'as donc aucune crainte de Dieu, toi qui subis la même peine ! Et puis pour nous, c'est juste après ce que nous avons fait ; mais Lui n'a rien fait de mal* ». Et il disait : « *Jésus, souviens-Toi de moi lorsque Tu viendras inaugurer Ton règne* ». Il lui répondit : « *En vérité, Je te le dis, dès aujourd'hui, tu seras avec Moi dans le Paradis* ».

Luc 23, 39-43

MÉDITATION

Cette fois-ci, c'est le bout de la route... Le Christ a atteint le Golgotha au prix d'efforts gigantesques. Il a été dépouillé de tout : même de ses vêtements, même de sa dignité...

Mais l'essentiel est acquis : pour Jésus demeurait prioritaire l'obéissance à Son Père et cela, personne ne pouvait L'en détourner. Et combien il a été jusqu'au bout de cette obéissance ! Sa seconde victoire, c'est l'Amour pour les Hommes, cet Amour dont Il avoua plus tard que c'est véritablement cela qui L'avait maintenu à la Croix. En effet, qui pourrait croire un seul instant que de misérables clous auraient été capables de retenir le Fils de Dieu, Lui dont un seul frémissement de la Volonté aurait suffi pour pulvériser les soldats défendant Jérusalem et tous les membres du Sanhédrin qui avaient décidé de Sa mort ?

Nous le comprenons bien, ce qui a maintenu Jésus sur la Croix, c'est uniquement Son Amour pour nous et Son désir de notre Rédemption. Ce qui a maintenu Jésus sur la Croix, c'est Sa Volonté de nous ouvrir les portes du Paradis qui nous étaient fermées depuis la désobéissance de nos premiers parents dans le jardin d'Eden[28]. Ce qui a maintenu Jésus sur la Croix, c'est l'objectif de faire toute chose nouvelle pour que les Hommes « *aient la vie et qu'ils l'aient en abondance*[29] ». Car à partir de ce jour, plus rien sur terre ne sera comme avant. Désormais, un commandement nouveau a été donné aux Hommes (« *Aimez-vous les uns les autres comme je vous ai aimé*[30] ») et celui-ci s'appuie sur un référentiel d'Amour jusque là inconnu et accompli par Jésus : « *Donner sa vie pour ceux que l'on aime*[31] ».

Et en effet, l'histoire de l'humanité le démontre : le monde va connaître une dynamique d'Amour nouvelle qui va progressivement « *faire toute chose nouvelle*[32] ». Aujourd'hui, nous appelons cela la civilisation. Nous parlons de justice, de

28 Genèse 3, 1-24.
29 Jean 10, 10.
30 Jean 13, 34.
31 Jean 15, 13.
32 Apocalypse 21, 5.

prospérité, de paix et des Droits de l'Homme, inconscients parfois de ce qui en fut le véritable moteur : la Passion de Jésus à Jérusalem il y a presque deux mille ans...

Quant au bon larron, par sa lucidité et sa foi il fut le premier à bénéficier d'une indulgence plénière[33], nouvelle preuve de Ton immense Bonté pour les pécheurs.

33 Les indulgences plénières sont des dispositions mises en œuvre par l'Eglise sur l'exemple du Christ, et qui permettent à chacun de purifier les conséquences de ses péchés et d'accéder ainsi plus rapidement au Paradis, lieu de toute pureté où aucun mal de peut pénétrer. Pour plus de détails, voir par exemple du même auteur, « *Dans l'invisible ton Trésor* (Editions du Jubilé, Paris 2003, chapitre 11) ».

Prière

Seigneur Jésus, Tu as tout donné pour nous, y compris Ta vie. Tu as accepté de souffrir pour que nous ayons une vie meilleure. Tandis que nous, nous renâclons souvent et nous nous lamentons dès que des efforts nous sont réclamés, dès que le combat devient plus difficile.

Mais nous le savons : la solution qui nous est offerte, c'est de garder les yeux fixés sur Ta Croix, la source de toute notre espérance, la seule source du progrès humain. Oui mon Jésus, nous le comprenons : Toi Seul constitue la perspective d'une vie meilleure pour tous les Hommes de la Terre, qui surviendra lorsque les peuples seront unis autour de Toi et de Ton Eglise. Permets-nous de travailler à hâter ce jour, notamment en pensant à tous ceux qui ne Te connaissent pas encore et qui demeurent englués dans les liens de souffrance tissés par l'Adversaire !...

Pater, Avé.

DOUZIÈME STATION

JÉSUS MEURT SUR LA CROIX

Voyant Sa Mère et près d'elle le disciple qu'Il aimait, Jésus dit à Sa Mère : « *Femme, voici ton fils* » Puis Il dit au disciple : « *Voici ta mère* ». A partir de cette heure, le disciple la prit chez lui.

Jean 19, 26

Vers trois heures, Jésus cria d'une voix forte : « *Eli, Eli, lama sabactani ?* », ce qui veut dire : « *Mon Dieu, mon Dieu, pourquoi m'as-Tu abandonné ?* ». Quelques-uns de ceux qui étaient là disaient en L'entendant : « *Le voilà qui appelle le prophète Elie* »... Et Jésus, poussant de nouveau un grand cri, rendit l'esprit.

Matthieu 27, 45-47-50

Méditation

Toute mort prématurée est injuste, a fortiori celle du Fils de Dieu venu sur la terre pour enseigner aux Hommes le parfait Amour. D'autant que la phase finale de l'agonie de Jésus n'a pas été exempte d'immenses souffrances. Les médecins contemporains, fort de connaissances nouvelles, expliquent que le Christ est mort étouffé, de fatigue épuisé. En effet, la crucifixion obligeait les condamnés, pour pouvoir respirer et mouvoir les muscles des poumons, à pousser sur leurs jambes tout en tirant sur les bras. Naturellement, ces mouvements étaient particulièrement douloureux s'agissant de membres transpercés par des clous et le condamné finissait par y épuiser ses dernières forces. Avec le temps, les efforts devenaient de plus en plus éprouvants et lorsque le crucifié n'en avait plus la vigueur, sa respiration ne pouvait plus s'effectuer et la mort survenait par suffocation[34].

34 C'est d'ailleurs pour cela qu'en brisant les jambes des condamnés, les muscles des poumons devenaient presque impossibles à mouvoir et la mort survenait rapidement.

Penchons-nous également sur les morts innocents de nos sociétés souvent violentes et brutales. Et comment ne pas inclure dans nos prières les enfants assassinés dans le ventre de leur mère, ce ventre source de toute vie et qui devient pour eux tombeau ? Comment, également, ne pas penser aux anciens, aux handicapés, à tous ceux que la société considère parfois comme inutiles et dont certains partisans de l'euthanasie nous affirment que leur vie est indigne au point que la mort lui serait préférable ? Et n'oublions pas non plus la déchéance et la mise en danger de l'âme de ceux qui, ne connaissant plus leur Dieu Créateur, se livrent aux griffes de l'Adversaire.

Enfin, incluons aussi dans nos prières tous ceux qui, quelque part dans le monde, sont condamnés à la peine capitale, certains pour des crimes de sang mais certains parfois aussi parce que leurs idées, leurs convictions ou leur foi déplaisent aux Gouvernements en place. La lutte pour l'abrogation de toute peine de mort reste encore et toujours d'actualité, et c'est un combat que les élus chrétiens doivent continuer à mener.

Prière

Seigneur Jésus, Tu es mort pour que nous ayons la vie, et pour que nous l'ayons en abondance. Associe-nous à Ton fabuleux projet consistant à faire avancer le Royaume des Cieux sur la Terre, nous les Hommes politiques chargés de dire la loi et de faire respecter la justice.

Et que, grâce à notre bonne volonté renouvelée et transcendée par Ton aide, cette justice des Hommes s'approche toujours plus de Ta sainte Volonté.

Pater, Avé.

TREIZIÈME STATION

Jésus est descendu de la Croix.

Pour éviter que les corps ne restent sur la Croix durant le sabbat... les Juifs demandèrent à Pilate qu'on leur brisât les jambes et qu'on enlevât les corps. Les soldats vinrent donc et brisèrent les jambes... Arrivés à Jésus, ils Le trouvèrent déjà mort ; ils ne Lui brisèrent pas les jambes, mais l'un des soldats, de sa lance, Lui perça le côté, et aussitôt il en sortit du sang et de l'eau... Joseph d'Arimathie, qui était disciple de Jésus, demanda à Pilate l'autorisation d'enlever le corps de Jésus. Pilate le permit. Ils vinrent donc L'enlever.

Jean 19, 31-38

Méditation

« Au pied de la Croix, prête à te recevoir comme le raisin mûr détaché de la vigne, se tient la Mère : coupe débordante d'amour et de douleur.

Mais aussi d'autres femmes – les plus fidèles – restent là à Te regarder, le cœur rempli de compassion devant Ta mort et la douleur silencieuse de Marie.

En elles Te sont présentes toutes les mères, toutes les filles, les épouses, les sœurs, toutes les femmes, servantes de la charité et de la consolation. Tu as toujours besoin d'elles dans la personne de ceux qui souffrent, de ceux qui meurent[35] ».

Face au corps du Fils dans les bras de La Mère, face à Celui qui alla jusqu'au bout de Sa mission et jusqu'au bout de toutes Ses afflictions, face à Celui qui descendit du Ciel pour souffrir et mourir pour nous tous, demandons-nous :

- Qu'est-ce que le mot « service » signifie pour nous ? Envisageons-nous notre mission comme un service rendu à la société ? Nous

35 Jean-Paul II, méditation sur le chemin de Croix, station 13.

considérons-nous le serviteur de nos frères ou, au contraire, exigeons-nous de leur part des traitements de faveur ?
- Et l'humilité, qu'en avons-nous fait ? Ce terme a-t-il une signification dans le cadre de notre mission ou l'avons-nous relégué à la dernière place ? Savons-nous rester accessibles, simples ?

Prière

Ô Dieu notre Père, les peuples ravagés par la guerre, par la violence et par l'injustice ressemblent au corps martyrisé et outragé de ton Fils lors de Sa descente de la Croix.

Nous Te le demandons : que les élus que nous sommes contribuent, avec le secours de ta grâce et de Ton Saint Esprit, à apporter la paix et la justice dans la cité des Hommes.

Pater, Avé.

QUATORZIÈME STATION

JÉSUS EST MIS AU TOMBEAU

Ils prirent le corps de Jésus et L'entourèrent de bandelettes avec les aromates... A l'endroit où Il avait été crucifié, il y avait un jardin et dans ce jardin un tombeau neuf où personne n'avait encore été mis... Comme le tombeau était tout proche, c'est là qu'ils déposèrent Jésus.

Jean 19, 40-42

MÉDITATION

Au milieu des tombeaux innombrables qui peuplent la terre des Hommes se trouve aussi, maintenant, la sépulture de Jésus, le Fils de Dieu.

Pendant trois jours, l'espoir du genre humain et l'avenir de l'humanité furent enfermés dans le seul cœur de Marie. Pendant trois jours, alors que tous avaient fui, la seule qui continua à croire malgré le drame absolu qui venait de se nouer, à espérer malgré le découragement provoqué par la mort de Jésus, fut la Très sainte Vierge Marie.

Parfois, du fait de la complexité inextricable des situations que nous devons administrer, des drames humains que nous rencontrons au travers de notre mandat d'élus, des tragédies qu'il nous faut gérer dans la vie de la cité, le découragement le plus absolu peut nous envahir. Il peut même arriver que nous désespérions de la condition humaine, que nous désespérions de nos pauvres moyens et des limites de nos facultés.

Demandons courage et force au Seigneur.

Prière

Seigneur Jésus, Ta présence au tombeau nous déroute, comme nous déroutent aussi la dureté de notre monde, le mal dont les Hommes sont parfois capables et les injustices de notre société. Nous découvrons en de telles circonstances que sans Toi, nous ne pouvons rien faire. Paradoxalement, c'est Ton absence qui nous démontre le plus clairement que tout vient de Toi et que nous sommes trop petits et trop faibles pour faire fonctionner le monde sans Toi, pour vivre sans Toi. Paradoxalement, c'est Ton absence qui nous démontre le plus clairement que Tu es indispensable à notre bonheur.

Viens, Seigneur Jésus. Viens nous sauver !

Pater, Avé.

QUINZIÈME STATION

IL EST VIVANT ;
JÉSUS EST VRAIMENT
RESSUSCITÉ

Comme le premier jour de la semaine commençait à poindre, Marie de Magdala et l'autre Marie vinrent visiter le sépulcre. Et voilà qu'il se fit un grand tremblement de terre : l'Ange du Seigneur descendit du Ciel et vint rouler la pierre sur laquelle il s'assit. Il avait l'aspect de l'éclair et sa robe était blanche comme neige… L'Ange dit aux femmes : « *Ne craignez point, vous ; je sais bien que vous cherchez Jésus, le Crucifié. Il n'est pas ici, car Il est ressuscité comme Il l'avait dit…* ».

Matthieu 28, 1-6

MÉDITATION

« *Que personne n'ait peur de la lumière du Christ ! Son Evangile est une lumière qui n'accable pas, mais qui développe et réalise en plénitude ce qui, dans la culture humaine, est bon, bien et beau*[36] ».

Jésus, notre Seigneur et notre Roi, Tu es vivant ! Tu as triomphé de la mort ; elle n'est pas parvenue à Te retenir en ses rets. Et l'Enfer a tremblé ; Tu as ouvert les portes du Ciel à toutes les âmes qui demeuraient dans les limbes depuis des siècles. Tous les anciens d'Israël attendaient ce jour et furent déliés de leurs chaînes.

Désormais, la Jérusalem céleste peut descendre, son Roi glorieux s'est assis à la droite du Père qui a tout remis entre Ses mains. Et nous les Hommes de bonne volonté, nous qui avons placé notre espoir dans le Seigneur Sabbaoth, nous sommes certains que notre place est prête à Ses côtés.

36 Jean-Paul II.

Prière

Seigneur Jésus, nous savons que Tu nous attends à la porte de Ton Paradis, mais nous n'ignorons pas que « *…à qui on aura donné beaucoup, il sera beaucoup demandé*[37] ». La justice divine s'appliquera à chacun et nous savons aussi que nous devrons rendre à notre Créateur davantage de talents que ceux qu'Il a placés en nous lors de la création de nos âmes. Que notre mission au sein de la cité et au service de nos Frères contribue à produire les talents grâce auxquels nous entendrons le Tout-Puissant nous dire : « *Serviteur bon et fidèle, tu as été fidèle pour peu de choses, Je t'en confierai beaucoup ; entre dans la joie de ton maître*[38] ».

Ô Christ, nous Te disons encore « Merci, Gloire à Toi » pour Ta magnifique victoire sur les forces du Mal, victoire qui a de plus permis au Paraclet de venir à nous. Que l'Esprit-saint, la troisième Personne de la Sainte Trinité nous

37 Luc 12, 48.

38 Matthieu 25, 14-30.

accorde Ses sept Dons sans Se lasser et nous aide à mener à bien notre mission humaine au service de nos Frères afin de nous permettre de réaliser le fabuleux plan d'Amour que Dieu le Père Tout-Puissant a conçu sur nous.

Pater, Avé.

Récité pour la première fois le vendredi 20 octobre 2011 en l'église saint Philippe de Roule (Paris 8è), paroisse de la Présidence de la République française.

Remerciements

Je tiens à remercier chaleureusement les personnes qui m'ont aidé de leur relecture, de leurs conseils ou de toute autre manière pour la réalisation de cet ouvrage : père Eric de Nattes, père Bruno-Marie Dufee, Jean-François Chemain, Bertrand de la Motte, Daniel Licht, Véronique et François Jusot, Anne-Valérie Debiol, Henri Bodin, Mireille Baj.

Je remercie également Philippe Chrysostome cardinal Barbarin pour avoir accepté de prendre sur son précieux temps pour préfacer cet ouvrage et pour, suivant en cela l'exemple donné tout au long des vendredis de sa vie par le regretté pape Jean-Paul II, avoir encouragé le lancement d'une collection dédiée à la méditation du Chemin de croix.

Jean-François Debiol

L'Homme politique pourrait également se laisser inspirer par ces deux passages de Saint Paul :

2 Corinthien 6, 8-10 : On nous honore, mais aussi on nous insulte... On nous traite de charlatans quand nous disons la vérité ; on ne nous connait pas alors que tous nous reconnaissent ; on nous voit déjà mort mais voilà que nous vivons. Nous ne cessons de recevoir des coups mais nous ne mourons pas. Les peines se succèdent mais nous restons joyeux. Nous sommes pauvres mais nous faisons beaucoup de riches ; nous n'avons rien mais nous possédons tout.

Ephésien 6, 14-17 : Vous tiendrez bon si vous avez la vérité pour ceinturon, la droiture pour cuirasse.... Ne lâchez jamais le bouclier de la foi avec lequel vous éteindrez les flèches incendiaires du Mauvais. Portez le casque du salut et l'épée de l'Esprit, c'est-à-dire la Parole de Dieu.

Imprimerie Saint Joseph s.a.r.l.
Lyon - janvier 2016